Nuova collana a cura di Eduardo Rescigno

Giuseppe Verdi

Nabucco

Dramma lirico in quattro parti

di

Temistocle Solera

Testi a cura di Eduardo Rescigno

Avvertenza. Ripubblichiamo qui senza varianti, se non di ordine tipografico, il libretto stampato in occasione della prima rappresentazione dell'opera al Teatro alla Scala di Milano il 9 marzo 1842: un libretto particolarmente curato dal punto di vista editoriale ("NABUCODONOSOR / dramma lirico / in quattro parti / di / Temistocle Solera / da rappresentarsi / nell'I. R. Teatro alla Scala / il Carnevale del 1842. / Milano / per Gaspare Truffi / M.DCCC.XLII"). Nelle note sono segnalate le più significative varianti fra il libretto stampato e la partitura autografa, utilizzando per il confronto l'edizione critica dell'opera a cura di Roger Parker (Le opere di Giuseppe Verdi, serie I, volume 3, The University of Chicago Press, Chicago and London - Ricordi, Milano, 1987).

Casa Ricordi, Milano
© Copyright 1987 by **CASA RICORDI** - BMG RICORDI S.p.A.

134286
ISBN 88-7592-086-9

RISTAMPA 2002

Indice

Il compositore

Giuseppe Verdi nasce il 10 ottobre 1813 alle Roncole di Busseto (Parma). L'istruzione elementare la riceve dal parroco delle Roncole, don Pietro Baistrocchi, che gli insegna anche a suonare l'organo, tanto che potrà esercitare ben presto le funzioni di organista; dal 1824 frequenta a Busseto il ginnasio diretto da don Pietro Seletti, e prende lezioni di musica da Ferdinando Provesi, maestro di cappella e organista, nonché direttore della scuola di musica. Incomincia a scrivere pezzi per banda e a dare lezioni, e con l'aiuto di un ricco commerciante di coloniali di Busseto, Antonio Barezzi, nel 1832 si trasferisce a Milano, dove vorrebbe entrare nel Conservatorio. Ma il regolamento gli è contrario e la domanda viene respinta; diventa quindi allievo privato dell'operista Vincenzo Lavigna, maestro al cembalo del Teatro alla Scala. Nel 1836 torna a Busseto, dove viene nominato maestro di musica del Comune, e sposa Margherita Barezzi, dalla quale avrà due figli (moglie e figli moriranno fra il 1838 e il 1840).

Al principio del 1839 si stabilisce a Milano, e alla fine di quello stesso anno esordisce felicemente sulle scene della Scala con la sua prima opera, *Oberto conte di S. Bonifacio*. Dopo un passo falso nel genere comico (*Un giorno di regno*, 1840), si impone definitivamente al pubblico milanese con *Nabucco* (1842) e *I Lombardi alla prima Crociata* (1843), in cui delinea un tipo di opera corale di grande momento nella Lombardia prequarantottesca. Con la quinta opera destinata alla Fenice di Venezia, *Ernani* (1844), afferma una nuova concezione teatrale, un teatro che vede l'uomo in lotta contro gli avvenimenti, nella cornice di un dramma scolpito con l'immediatezza plastica della melodia, con il ritmo scandito da un'orchestra essenziale. Questo modello di teatro viene costruito pezzo per pezzo, nel corso di quelli che Verdi stesso chiamerà gli "anni di galera": anni di lavoro duro, alla ricerca del successo nei maggiori teatri d'Italia, ma anche alla ricerca delle condizioni per un lavoro sempre più accurato, non solo a livello creativo, ma anche per quanto riguarda la scelta dei cantanti, gli allestimenti, l'esecuzione. Nel 1846 una grave malattia rallenta l'attività, e permette un più meditato contatto con un soggetto shakespearia-no, il *Macbeth* (1847) destinato alla Pergola di Firenze. Ma il lavoro riprende intensissimo, e nello stesso 1847 affronta due importanti palcoscenici esteri: il Her Majesty's di Londra con *I Masnadieri*, e l'Opéra di Parigi con *Jérusalem*, adattamento francese dei *Lombardi*.

Sul finire del 1847 si è stabilito a Parigi, con Giuseppina Strepponi (che sposerà nel 1859), e l'anno seguente acquista la proprietà di Sant'Agata presso Busseto; e a Busseto si stabilirà nell'estate del 1849. La produzione operistica è sempre molto intensa, destinata ai teatri di Napoli, Roma, Trieste. Nel 1851 torna alla Fenice di Venezia con *Rigoletto*, e nel 1853, a pochi mesi uno dall'altro, *Il Trovatore* al Teatro Apollo di Roma e *La Traviata* alla Fenice di Venezia concludono un periodo di intensissima attività. Sul finire dello stesso anno, Verdi e la Strepponi si stabiliscono nuovamente a Parigi.

Più il teatro verdiano diventa popolare ed eccita l'entusiasmo, più il suo creatore sembra nascondersi in un riserbo che è sempre più geloso, soprattutto a partire dalla metà del secolo; nello stesso periodo, la sua creazione si fa più lenta, più meditata, e il compositore dedica cure particolari alle nuove opere, sia dal punto di vista librettistico, che da quello scenico e registico. Il risultato di questa nuova visione del mestiere teatrale è evidente nel diminuito numero di nuove opere, ma soprattutto nell'allargata visione drammaturgica che ora accoglie anche spunti di comicità o di ironia, nel confluire di molteplici interessi culturali, e nell'elaborazione di una scrittura duttile e sfumata che non ha però perso in spontaneità e immediatezza. Per l'Opéra di Parigi scrive *Les Vêpres Siciliennes* (1855), per la Fenice di Venezia il *Simon Boccanegra* (1857) e per il Teatro Nuovo di Rimini l'*Aroldo* (1857), rifacimento di un'opera precedente, *Stiffelio* (1850). Lasciata definitivamente Parigi, Verdi e la moglie vivono ora stabilmente nella villa di Sant'Agata, e trascorrono l'inverno a Genova. Nel 1860 Verdi è nella lista dei liberali moderati di Borgo San

Donnino (ora Fidenza), e viene eletto deputato: parteciperà alle sedute della Camera, a Torino, anche per una diretta sollecitazione di Cavour; ma nel 1863 abbandonerà l'attività parlamentare. Alcune delle nuove opere di questi anni gli vengono commissionate da teatri esteri, come *La forza del destino* (1862) per il Teatro Imperiale di Pietroburgo, il rifacimento del *Macbeth* (1865) per il Théâtre Lyrique di Parigi, il *Don Carlos* (1867) per l'Opéra di Parigi. Nel 1869, con una edizione riveduta della *Forza del destino*, riprende la collaborazione con la Scala, interrotta fin dal lontano 1845. Il 1871 è l'anno di *Aida*, che va in scena al Cairo in una cornice molto fastosa e mondana, alla presenza di molti principi regnanti; manca però Verdi, che è già alle prese con la prima italiana, destinata invece alla Scala (1872).

Nel 1873 compone il *Quartetto* per archi, e nel 1874 viene eseguita la *Messa di Requiem* nel primo anniversario della morte di Manzoni; lo stesso anno Verdi viene nominato senatore. Nel 1881 presenta alla Scala un rifacimento del *Simon Boccanegra*, che segna l'inizio della collaborazione con lo scrittore Arrigo Boito, su un libretto del quale ha già cominciato a scrivere *Otello*, che vedrà la luce nello stesso teatro nel 1887. Nel 1889 acquista un terreno alla periferia di Milano, dove fa costruire dall'architetto Camillo Boito la Casa di Riposo per Musicisti, che doterà di un cospicuo lascito. Nel 1893, sempre alla Scala, prima rappresentazione del *Falstaff*. Nel 1897 muore la moglie. Nello stesso anno compone lo *Stabat Mater*, che conclude la serie dei "Quattro pezzi sacri", comprendenti le *Laudi alla Vergine Maria* (1886), l'*Ave Maria* (1889) e il *Te Deum* (1895). Nel dicembre del 1900 si stabilisce a Milano, all'Hôtel Milan, dove muore il 27 gennaio 1901.

Cronologia delle opere di Verdi

1. Oberto conte di San Bonifacio

Dramma in due atti, libretto di Antonio Piazza adattato da Temistocle Solera (in origine si trattava probabilmente di un libretto intitolato *Rochester* o *Lord Hamilton*, per il quale Verdi compose la musica nel 1836, riutilizzata poi per l'*Oberto*).
I rappresentazione: Milano, Teatro alla Scala, 17 novembre 1839.

2. Un giorno di regno (ossia *Il finto Stanislao*)

Melodramma giocoso in due atti, libretto di Felice Romani, tratto dalla commedia *Le faux Stanislas* di Alexandre Pineux-Duval (libretto scritto per Adalbert Gyrowetz (1818) col titolo *Il finto Stanislao*, e adattato con tagli).
I rappresentazione: Milano, Teatro alla Scala, 5 settembre 1840.

3. Nabucodonosor (Nabucco)

Dramma lirico in quattro parti, libretto di Temistocle Solera, tratto dal dramma *Nabuchodonosor* (1836) di Auguste Anicet-Bourgeois e Francis Cornu.
I rappresentazione: Milano, Teatro alla Scala, 9 marzo 1842.
Nabucodonosor: Giorgio Ronconi, baritono
Ismaele: Corrado Miraglia, tenore
Zaccaria: Prosper Dérivis, basso
Abigaille: Giuseppina Strepponi, soprano
Fenena: Giovannina Bellinzaghi, soprano
Il Gran Sacerdote: Gaetano Rossi, basso
Abdallo: Napoleone Marconi, tenore
Anna: Teresa Ruggeri, soprano
Scenografia: Baldassare Cavallotti
Direttore dei cori: Giulio Granatelli
Primo Violino, Capo e Direttore d'orchestra: Eugenio Cavallini

4. I Lombardi alla prima Crociata

Dramma lirico in quattro atti, libretto di Temistocle Solera, tratto dal poema omonimo (1826) di Tommaso Grossi.
I rappresentazione: Milano, Teatro alla Scala, 11 febbraio 1843.

5. Ernani

Dramma lirico in quattro parti, libretto di Francesco Maria Piave, tratto dal dramma *Hernani* (1830) di Victor Hugo.
I rappresentazione: Venezia, Teatro La Fenice, 9 marzo 1844.

6. I due Foscari

Tragedia lirica in tre atti, libretto di Francesco Maria Piave, tratto dal poema *The Two Foscari* (1821) di George Gordon Byron.
I rappresentazione: Roma, Teatro Argentina, 3 novembre 1844.

7. Giovanna d'Arco

Dramma lirico in un prologo e tre atti, libretto di Temistocle Solera, tratto dalla tragedia *Die Jungfrau von Orleans* (1801) di Friedrich Schiller.
I rappresentazione: Milano, Teatro alla Scala, 15 febbraio 1845.

8. Alzira

Tragedia lirica in un prologo e due atti, libretto di Salvatore Cammarano, tratto dalla tragedia *Alzire* (1736) di Voltaire.
I rappresentazione: Napoli, Teatro San Carlo, 12 agosto 1845.

9. Attila

Dramma lirico in un prologo e tre atti, libretto di Temistocle Solera con aggiunte e modifiche di Francesco Maria Piave, tratto dalla tragedia *Attila, König der Hunnen* (1808) di Zacharias Werner.
I rappresentazione: Venezia, Teatro La Fenice, 17 marzo 1846.

10. Macbeth

Melodramma in quattro atti, libretto di Francesco Maria Piave, con interventi di Andrea Maffei, tratto dalla tragedia *Macbeth* (1605-06) di William Shakespeare.
I rappresentazione: Firenze, Teatro La Pergola, 14 marzo 1847.

11. I Masnadieri

Melodramma in quattro parti, libretto di Andrea Maffei, tratto dal dramma *Die Räuber* (1781) di Friedrich Schiller.
I rappresentazione: Londra, Her Majesty's Theatre, 22 luglio 1847.

12. Jérusalem

Rifacimento francese di *I Lombardi alla prima Crociata*.
Opera in quattro atti, libretto di Alphonse Royer e Gustave Vaëz.
I rappresentazione: Parigi, Opéra, 26 novembre 1847.
I rappresentazione italiana (*Gerusalemme*, libretto tradotto da Calisto Bassi): Milano, Teatro alla Scala, 26 dicembre 1850.

13. Il Corsaro

Melodramma in tre atti, libretto di Francesco Maria Piave, tratto dal poema *The Corsair* (1814) di George Gordon Byron.
I rappresentazione: Trieste, Teatro Grande, 25 ottobre 1848.

14. La battaglia di Legnano

Tragedia lirica in quattro atti, libretto di Salvatore Cammarano, tratto dal dramma *La bataille de Toulouse* di Joseph Méry.
I rappresentazione: Roma, Teatro Argentina, 27 gennaio 1849.

15. Luisa Miller

Melodramma tragico in tre atti, libretto di Salvatore Cammarano, tratto dalla tragedia *Kabale und Liebe* (1784) di Friedrich Schiller.
I rappresentazione: Napoli, Teatro San Carlo, 8 dicembre 1849.

16. Stiffelio

Melodramma in tre atti, libretto di Francesco Maria Piave, tratto dal dramma *Le Pasteur, ou l'Évangile et le Foyer* (1848) di Emile Souvestre ed Eugène Bourgeois.
I rappresentazione: Trieste, Teatro Grande, 16 novembre 1850.

17. Rigoletto

Melodramma in tre atti, libretto di Francesco Maria Piave, tratto dal dramma *Le Roi s'amuse* (1832) di Victor Hugo.
I rappresentazione: Venezia, Teatro La Fenice, 11 marzo 1851.

18. Il Trovatore

Dramma in quattro parti, libretto di Salvatore Cammarano, completato da Leone Emanuele Bardare, tratto dal dramma *El Trovador* (1836) di Antonio García Gutiérrez.
I rappresentazione: Roma, Teatro Apollo, 19 gennaio 1853.

19. La Traviata

Melodramma in tre atti, libretto di Francesco Maria Piave, tratto dal dramma *La Dame aux camélias* (1852) di Alexandre Dumas fils.
I rappresentazione: Venezia, Teatro La Fenice, 6 marzo 1853.

20. Les Vêpres Siciliennes

Opera in cinque atti, libretto di Eugène Scribe e Charles Duvéyrier, tratta dal libretto *Le Duc d'Albe* (1839) di Eugène Scribe, scritto per Gaetano Donizetti.
I rappresentazione: Parigi, Opéra, 13 giugno 1855.
I rappresentazione italiana (col titolo *Giovanna de Guzman*, libretto tradotto da Arnaldo Fusinato): Parma, Teatro Ducale, 26 dicembre 1855.

21. Simon Boccanegra

Melodramma in un prologo e tre atti, libretto di Francesco Maria Piave, con interventi di Giuseppe Montanelli, tratto dal dramma *Simón Bocanegra* (1843) di Antonio García Gutiérrez.
I rappresentazione: Venezia, Teatro La Fenice, 12 marzo 1857.

22. Aroldo

Rifacimento dello *Stiffelio*.
Melodramma in quattro atti, libretto di Francesco Maria Piave.
I rappresentazione: Rimini, Teatro Nuovo, 16 agosto 1857.

23. Un ballo in maschera

Melodramma in tre atti, libretto di Antonio Somma, tratto dal libretto *Gustave III, ou Le Bal masqué* (1833) di Eugène Scribe, scritto per Daniel Auber.
I rappresentazione: Roma, Teatro Apollo, 17 febbraio 1859.

24. La forza del destino

Melodramma in quattro atti, libretto di Francesco Maria Piave, tratto dal *Don Álvaro, o La fuerza del sino* (1835) di Ángel de Saavedra, e dal dramma *Wallensteins Lager* (1796) di Friedrich Schiller.
I rappresentazione: Pietroburgo, Teatro Imperiale, 10 novembre 1862.

25. Macbeth

Rifacimento del *Macbeth* (1847).
Melodramma in quattro atti, libretto di Francesco Maria Piave e Andrea Maffei, tradotto in francese da Charles Louis Étienne Nuitter e Alexandre Beaumont.
I rappresentazione: Parigi, Théâtre Lyrique, 21 aprile 1865.
I rappresentazione italiana: Milano, Teatro alla Scala, 28 gennaio 1874.

26. Don Carlos

Opera in cinque atti, libretto di Joseph Méry e Camille Du Locle, tratto dalla tragedia *Don Carlos, Infant von Spanien* (1787) di Friedrich Schiller.
I rappresentazione: Parigi, Opéra, 11 marzo 1867.
I rappresentazione italiana (*Don Carlo*, libretto tradotto da Achille De Lauzières): Bologna, Teatro Comunale, 27 ottobre 1867.

27. La forza del destino

Nuova versione de *La forza del destino* (1862).
Opera in quattro atti, libretto di Francesco Maria Piave, con modifiche di Antonio Ghislanzoni.
I rappresentazione: Milano, Teatro alla Scala, 27 febbraio 1869.

28. Aida

Opera in quattro atti, libretto di Antonio Ghislanzoni, su un soggetto di Auguste Mariette elaborato da Camille Du Locle e Giuseppe Verdi.
I rappresentazione: Il Cairo, Teatro dell'Opera, 24 dicembre 1871.
I rappresentazione italiana: Milano, Teatro alla Scala, 8 febbraio 1872.

29. Simon Boccanegra

Rifacimento del *Simon Boccanegra* (1857).
Melodramma in un prologo e tre atti, libretto di Francesco Maria Piave con modifiche di Arrigo Boito.
I rappresentazione: Milano, Teatro alla Scala, 24 marzo 1881.

30. Don Carlo

Nuova versione del *Don Carlos* (1867).
Opera in quattro atti, libretto di Joseph Méry e Camille Du Locle, traduzione italiana di Achille De Lauzières e Angelo Zanardini.
I rappresentazione: Milano, Teatro alla Scala, 10 gennaio 1884.
Terza versione in cinque atti.
I rappresentazione: Modena, Teatro Comunale, dicembre 1886.

31. Otello

Dramma lirico in quattro atti, libretto di Arrigo Boito, tratto dalla tragedia *Othello* (1604-05) di William Shakespeare.
I rappresentazione: Milano, Teatro alla Scala, 5 febbraio 1887.

32. Falstaff

Commedia lirica in tre atti, libretto di Arrigo Boito, tratto dai drammi *The Merry Wives of Windsor* (1600-01) e *Henry IV* (1597-98) di William Shakespeare.
I rappresentazione: Milano, Teatro alla Scala, 9 febbraio 1893.

Il librettista

Temistocle Solera nasce a Ferrara il 24 dicembre 1816, figlio di un magistrato che poco dopo si trasferisce a Brescia e prende parte al progetto di una federazione italiana antiaustriaca: per cui nel 1821 viene arrestato e condannato a vent'anni di carcere nello Spielberg. Quasi a compenso, l'Imperatore d'Austria ammette gratuitamente Temistocle al Collegio Imperiale di Vienna; da qui il giovane si allontana nel 1826, e prosegue gli studi presso i barnabiti del Collegio Longone di Milano, mentre il padre viene graziato (1827). Terminati gli studi a Milano, il giovane Solera nel 1837 pubblica una raccolta di poesie, *I miei primi canti*, cui segue, l'anno dopo, una più ampia e sostanziosa raccolta poetica, le *Lettere giocose*. A Milano i facili modi poetici di Solera piacciono, e l'impresario Merelli lo sceglie per sistemare il libretto di Antonio Piazza che Verdi deve musicare come opera del suo esordio operistico, l'*Oberto conte di San Bonifacio* (1839). Ormai Solera si è avvicinato al teatro, e scopre di conoscere anche la musica: fra un atto e l'altro dell'*Oberto*, in occasione di una replica, viene eseguito *La Melodia*, un inno tutto scritto da lui, parole e musica. Pochi mesi dopo, ancora la Scala ospita un'intera opera di Solera, parole e musica, l'*Ildegonda* (1840), da una novella di Tommaso Grossi; nonostante la poca sostanza musicale, l'opera piace, soprattutto per la sommaria, ma spesso impetuosa, irrompente verseggiatura. È il grande momento di Solera, che nello stesso 1840 pubblica anche un romanzo, *Michelina*, fosca e tragica storia di una fanciulla insidiata mentre imperversa il colera del 1836; e fra una romanza da salotto e l'altra, alla Scala arriva un'altra produzione tutta soleriana, *Il contadino d'Agliate* (1841), in cui già affiora qualcuno di quei versi martellanti, risorgimentali, che sono una caratteristica del libretto di *Nabucco* (1842). La collaborazione con Verdi continua per qualche anno, e le sue tappe sono *I Lombardi alla prima Crociata* (1843) e *Giovanna d'Arco* (1845). Subito dopo comincia *Attila*, che Verdi in un primo tempo aveva pensato di affidare a Piave; ma Solera è una "tempra d'artista più impetuoso e violento" (sono parole di Verdi), e quindi più adatto a verseggiare le gesta del flagello di Dio. Nel luglio del 1845, però, a lavoro non finito, Solera parte per Madrid insieme alla moglie Teresa, cantante, e lascia Verdi nei guai; il libretto dell'*Attila* sarà terminato da Piave. In Spagna Solera sta dieci anni, e fa l'impresario, il direttore d'orchestra, il librettista, il compositore, il poeta, il giornalista; forse ha anche una relazione con la regina Isabella. Nel 1856, lasciata precipitosamente la Spagna, è di nuovo a Milano, e scrive libretti per compositori minori (Secchi, Buzzi, Ronchetti-Monteviti, Villanis), e tenta invano di rientrare in contatto con Verdi. Avvicinandosi il 1859, sembra che Solera svolga un ruolo di agente segreto fra Cavour e Napoleone III, e fra i rivoluzionari italiani e gli uomini politici francesi. Gli anni seguenti sono segnati da un lento declino: scrive ancora qualche libretto, poi riesce ad aprire un negozio di antiquario a Firenze grazie all'aiuto della contessa Maffei e quello, anonimo, di Verdi. Dal 1862 è al servizio del Ministero degli Interni, dove fa una carriera rapida ma burrascosa: dapprima a Potenza, a lottare contro i briganti, poi questore a Firenze (allora capitale del Regno), donde viene presto rimosso per essere mandato a Palermo, poi a Bologna, quindi a Venezia; in ultimo è ad Alessandria d'Egitto, a organizzare le feste di Ismailia. Dal 1871 è nuovamente in Italia, a Firenze e poi a Milano, a tentare invano di riprendere l'attività di antiquario. Muore a Milano il 21 aprile 1878.

L'opera

Il 17 ottobre 1836, al Théâtre Ambigu-Comique di Parigi, era andato in scena il dramma in quattro atti *Nabuchodonosor*, un lavoro di Auguste Anicet-Bourgeois e Francis Cornu, due specialisti del teatro più o meno storico a effetto. La figura del re assiro, la conquista di Gerusalemme e l'esilio babilonese degli ebrei venivano abilmente piegati alle esigenze di un efficiente e grandioso spettacolo, imperniato sulla accorta distribuzione di una serie di notevoli colpi di teatro. Lo spettacolo piacque, e se ne parlò anche fuori Parigi: a Milano se ne fece una traduzione, e il 27 ottobre 1838 giunse sulle scene della Scala di Milano sotto forma di ballo, *Nabucodonosor*, inventato da Antonio Cortesi. Ebbe un grande successo, e se ne contarono ben trentacinque repliche.

Non molto tempo dopo, forse già verso la metà del 1840, Solera scrive o per lo meno delinea il suo libretto, in gran parte derivandolo dal dramma francese, ma tenendo d'occhio anche la soluzione ballettistica, per la semplificazione della trama e la riduzione dei personaggi, e, fondamentale, per il maggior peso dato a Zaccaria, che già nel ballo è diventato il simbolo della coscienza nazionale del popolo ebraico (uno spunto, questo, appena accennato nel dramma). Il libretto, forse ordinato a Solera da Bartolomeo Merelli, l'impresario scaligero che già lo aveva chiamato ad aggiustare i versi dell'*Oberto conte di San Bonifacio*, viene offerto al compositore tedesco Otto Nicolai, da tempo attivo in Italia. Questi lo rifiuta, e preferisce *Il Proscritto* di Gaetano Rossi, che Merelli teneva invece in serbo per Verdi. *Il Proscritto* di Nicolai andò in scena alla Scala il 13 marzo 1841, con esito disastroso. Nel frattempo, e cioè nel settembre 1840, era andata in scena alla Scala la seconda opera di Verdi, *Un giorno di regno*, con esito altrettanto disastroso, e il compositore aveva deciso di abbandonare il teatro. Si era però fermato a Milano, ed era chiaro che non aspettava altro che di rimettersi in lizza, reso ora più prudente dall'amarezza dell'insuccesso.

Siamo nell'inverno 1840-41, probabilmente a fine dicembre 1840, mentre Nicolai sta inventando le sfortunate note del *Pro-

scritto; Verdi deve andare a Genova a mettere in scena una ripresa dell'*Oberto*, e prima di partire incontra Merelli, che lo stimola, ancora una volta, a riprendere in mano la penna; fa di più, consegna al riluttante compositore il libretto del *Nabucco*, rimasto disponibile dopo il rifiuto di Nicolai. L'episodio, famosissimo, ci è raccontato dallo stesso Verdi.

"Strada facendo, mi sentivo indosso una specie di malessere indefinibile, una tristezza somma, un'ambascia che mi gonfia il cuore. Rincasai e, con un gesto quasi violento, gettai il manoscritto sul tavolo. Il fascicolo cadendo sul tavolo stesso si era aperto; senza saper come, i miei occhi fissano la pagina che stava innanzi a me, e mi si affaccia questo verso: *Va, pensiero, sull'ali dorate*.

Scorro i versi seguenti e ne ricevo una grande impressione, tanto più che erano quasi una parafrasi della Bibbia, nella cui lettura mi dilettavo sempre.

Leggo un brano, ne leggo due: poi, fermo nel proposito di non scrivere, faccio forza a me stesso, chiudo il fascicolo e me ne vado a letto. Ma sì!... *Nabucco* mi trottava nel capo, il sonno non veniva; mi alzo e leggo il libretto, non una volta, ma due, ma tre, tanto che al mattino si può dire ch'io sapeva a memoria tutto quanto il libretto del Solera.

Con tutto ciò non mi sentivo di recedere dal mio proposito, e nella giornata ritorno al teatro e restituisco il manoscritto al Merelli.

– Bello, eh? – mi dice lui.

– Bellissimo.

– Eh!... dunque mettilo in musica.

– Neanche per sogno... non ne voglio sapere.

– Mettilo in musica, mettilo in musica!!

E così dicendo, prende il libretto, me lo ficca nella tasca del soprabito, mi piglia per le spalle, e con un urtone mi spinge fuori del camerino non solo, ma mi chiude l'uscio in faccia con tanto di chiave. Che fare?

Ritornai a casa con *Nabucco* in tasca: un giorno un verso, un giorno l'altro, una nota una volta, un'altra volta una frase, a poco a poco l'opera fu composta."

È il racconto che Verdi fece a Giulio Ricordi nel 1879, cioè trentanove anni dopo i fatti narrati. Ma l'episodio fatidico Verdi lo raccontò anche a un altro testimone, più di dieci anni prima; e quando Michele Lessona lo pubblicò nel suo *Volere è potere*, nel 1869, Verdi confermò la veridicità della testimonianza.

"Il giovane maestro andò a casa col suo dramma, ma lo gittò in un canto senza più guardarlo, e per altri cinque mesi tirò dritto nella lettura dei suoi romanzacci.

Un bel giorno poi, sul finire di maggio, quel benedetto dramma gli ritornò fra mano: rilesse un'ultima scena, della morte di Abigaille (la qual scena fu poi tolta), s'accostò macchinalmente al pianoforte, quel pianoforte che si stava muto da tanto tempo, e musicò quella scena.

Il ghiaccio era rotto.

Di lì a tre mesi il *Nabucco* era composto, finito, e di tutto punto qual è oggi."

Tutto sommato, una storia meno romantica, quest'ultima, ma forse più vicina alla realtà; una realtà che vede Verdi alle prese con i versi di Solera nell'estate del 1841, forse con l'impegno, da parte di Merelli, di giungere al più presto alla rappresentazione. Infatti, l'opera venne portata a termine al principio di ottobre, in un momento in cui Merelli non pareva più del tutto convinto di inserirla nella Stagione di Carnevale e Quaresima. Una stagione particolarmente nutrita, che sarebbe iniziata il 26 dicembre con la prima assoluta della *Maria Padilla* donizettiana con Donzelli, la Löwe e Giorgio Ronconi, sarebbe proseguita con la *Saffo* di Pacini, nuova per Milano, con una ripresa della *Straniera* belliniana (ancora con la Löwe e Ronconi) e la novità assoluta di Alessandro Nini, *Odalisa*. A conclusione della stagione, Merelli aveva anche inserito il *Belisario* di Donizetti, e solo per ultimo il nuovo *Nabucco*: per entrambe le opere, a fine dicembre erano stati scritturati Giuseppina Strepponi, nonostante le sue precarie condizioni di salute, e il baritono Giorgio Ronconi, che in queste due opere aveva il ruolo di protagonista. Il *Nabucco*, inserito quasi a forza a conclusione della stagione (il 9 marzo, mentre già il 28 doveva iniziare la Stagione di Primavera) con il ripiego di utilizzare scene e costumi del ballo di Cortesi, ebbe uno straordinario successo, nonostante le sole otto repliche e la cattiva prestazione della Strepponi, che il 3 marzo era stata dichiarata da una commissione medica in gravissime condizioni di salute. Pochi mesi dopo, il 13 agosto, il *Nabucco* inaugurava la Stagione d'Autunno, e con una diversa Abigaille (Teresa de Giuli-Borsi) stabilì il primato scaligero di cinquantasette repliche, superando il tetto delle cinquantaquattro fino allora tenuto saldamente da *Adelasia e Aleramo* (1806) di Mayr, *Ser Murcantonio* (1810) di Pavesi e *I Pretendenti delusi* (1811) di Mosca.

"Con quest'opera si può veramente dire che ebbe principio la mia carriera artistica", dirà lo stesso Verdi a Giulio Ricordi.

Nabucodonosor

Dramma lirico in quattro parti

versi di
Temistocle Solera

musica di
Giuseppe Verdi

Personaggi

Nabucodonosor,[1] re di Babilonia	[Baritono]
Ismaele, nipote di Sedecia re di Gerusalemme[2]	[Tenore]
Zaccaria, gran pontefice degli Ebrei	[Basso]
Abigaille, schiava, creduta figlia primogenita di Nabucodonosor	[Soprano]
Fenena, figlia di Nabucodonosor	[Soprano][3]
Il Gran Sacerdote di Belo[4]	[Basso]
Abdallo, vecchio ufficiale del re di Babilonia	[Tenore]
Anna, sorella di Zaccaria	[Soprano]

1. È Nabucodonosor II, cioè "Nabu protegga l'erede", re di Babilonia dal 604 al 562 a.C.
2. Ismaele è personaggio di fantasia. Sedecia fu l'ultimo re di Palestina: sostenuto da Nabucodonosor, cercò di opporsi all'influenza babilonese chiedendo aiuto all'Egitto, ma venne definitivamente sconfitto da Nabucodonosor nel 586.
3. In realtà con estensione di mezzosoprano.
4. Il testo francese ha "Le Grand-Prêtre de Bel", cioè del dio Baal: Solera traduce Belo.

Soldati Babilonesi, Soldati Ebrei, Leviti,[5] Vergini Ebree, Donne Babilonesi, Magi, Grandi del regno di Babilonia, Popolo, ecc.

Nella prima parte la scena fingesi in Gerusalemme, nelle altre in Babilonia.[6]

---

5. Ministri del culto. I Magi invece, citati poco oltre, sono addetti al culto babilonese di Baal.
6. Sono gli ultimi anni del regno di Palestina, intorno al 586 a.C.

Il riassunto del libretto

Parte I. Gli ebrei, chiusi nel tempio di Salomone a Gerusalemme, già sentono avvicinarsi l'urlo dell'esercito babilonese, e invocano protezione al dio d'Israele. Una nota di speranza la porta il gran pontefice Zaccaria, che mostra al popolo Fenena, figlia del re babilonese Nabucco, che può essere usata come ostaggio, e l'affida al giovane guerriero Ismaele. Questi ama Fenena e vuole salvarla, ma irrompe Abigaille alla testa di soldati babilonesi, e ferma i due fuggitivi: a sua volta Abigaille, che ama Ismaele, gli offre la libertà, ma il guerriero ebreo la rifiuta, vuole seguire la sorte del suo popolo. Entrano altri ebrei, donne e vecchi, incalzati dal nemico, e infine si affaccia alla porta del tempio anche Nabucco, pieno d'ira e di minacce. Zaccaria, con gesto fulmineo, afferra Fenena, e alza il pugnale su di lei: se Nabucco profanerà il luogo sacro, Fenena morrà. Ma Ismaele la salva; ora scoppia il furore di Nabucco e di Abigaille, che incitano i soldati babilonesi al saccheggio e alla distruzione, mentre Zaccaria e tutti gli ebrei maledicono Ismaele.

Parte II. Abigaille si è impossessata di una carta dalla quale risulta che non è figlia del re, ma di schiavi. La sua ira è al colmo, soprattutto perché Nabucco, lontano da Babilonia per proseguire la guerra contro gli ebrei, ha affidato il trono alla figlia Fenena. Giungono il Gran Sacerdote di Belo e altri dignitari babilonesi, ad annunciare che Fenena ha deciso di liberare gli ebrei, e ad incitare Abigaille a impossessarsi del trono. Allo scopo, è stata sparsa la voce che Nabucco è morto in battaglia: Abigaille si getta con entusiasmo nell'impresa.

Zaccaria, con le tavole della Legge, si appresta ad accogliere Fenena in seno alla religione ebraica; giunge poi Ismaele, che invoca pietà, ma è nuovamente maledetto dagli ebrei. Zaccaria calma gli animi annunciando la conversione di Fenena, ma dopo un attimo il vecchio guerriero Abdallo porta la notizia che Nabucco è morto, e il popolo sta acclamando Abigaille. Ella ora entra, accompagnata dal Gran Sacerdote, e cerca di afferrare la corona di Fenena; ma irrompe anche Nabucco coi suoi guerrieri, si pone in capo la corona maledicendo i babilonesi che l'hanno tradito. Io non sono più re, afferma, io sono Dio. Nello stesso attimo una folgore strappa la corona dalla testa del re, che cade in preda al terrore.

Parte III. Ormai Abigaille si sente sicura del trono, e il Gran Sacerdote chiede che lei ordini la condanna a morte di Fenena e degli ebrei. Sopraggiunge Nabucco, in preda alla follia, e lei riesce a fargli porre il sigillo alla condanna. Quando Nabucco si rende conto che fra i condannati c'è la figlia Fenena, si oppone al potere di Abigaille, e cerca la carta che dimostra la sua condizione di schiava. Ma la carta è nelle mani di Abigaille, che la straccia sprezzante. Già si sentono le trombe che annunciano la condanna degli ebrei; invano Nabucco cerca di impietosire Abigaille.
Sulle sponde dell'Eufrate gli schiavi ebrei incatenati ricordano nostalgicamente la patria lontana; ma Zaccaria li rianima con la predizione della loro prossima liberazione.

Parte IV. Nabucco, imprigionato in una stanza della reggia, vaneggia in preda alla disperazione. Ma sente le grida che accompagnano il sacrificio di Fenena, e improvvisamente la sua coscienza torna lucida: afferra la spada di Abdallo, e si precipita fuori dalla prigione.
Zaccaria sta benedicendo Fenena che felice invoca la morte liberatrice: ma, mentre la statua d'oro di Belo cade a terra misteriosamente infranta, irrompe Nabucco che, abbracciando la figlia salvata, riconosce il potere del dio d'Israele. Poi giunge Abigaille, che ha volontariamente bevuto il veleno: morendo, chiede perdono a Fenena, e anch'essa invoca il dio d'Israele.

Parte prima

GERUSALEMME

[*Sinfonia*]

Così ha detto il Signore: ecco, io do
questa città in mano del re di
Babilonia, egli l'arderà col fuoco.

Gerem. XXXII.[7]

---

7. Il profeta Geremia visse fra la metà del VII e l'inizio del VI secolo a.C., e fu
particolarmente ostile alla politica filo-egiziana dei re palestinesi. Preannunciò l'inva-
sione babilonese, da lui attribuita alla corruzione morale e religiosa del popolo. Il suo
libro, secondo dei Profeti, è ricco di oracoli sulla distruzione di Gerusalemme e sulla
caduta di Babilonia. In testa a ciascuna delle quattro parti dell'opera, Solera ha posto
una citazione dal Libro di Geremia, utilizzando la traduzione di Antonio Martini,
liberamente riassunta o parafrasata. Per questa prima citazione, Solera utilizza
Geremia, 32, 28-29.

Scena prima

Interno del Tempio di Salomone.

[*Coro di Introduzione e Cavatina*]

Ebrei, Leviti e Vergini Ebree

Tutti

Gli arredi festivi giù cadano infranti,
  Il popol di Giuda[8] di lutto s'ammanti!
  Ministro dell'ira del Nume sdegnato
  Il rege d'Assiria su noi già piombò![9]
Di barbare schiere l'atroce ululato
  Nel santo delùbro[10] del Nume tuonò!

Leviti

I candidi veli, fanciulle, squarciate,
  Le supplici braccia gridando levate;
  D'un labbro innocente la viva preghiera
  È grato profumo che sale al Signor.[11]
Pregate, fanciulle!... Per voi della fiera
  Nemica falange sia nullo[12] il furor!

(tutti si prostrano a terra)

---

8. Correttamente, Solera allude al Regno di Giuda, nato dopo la scissione della Palestina in seguito alla morte di Salomone. Il Regno di Giuda, con capitale Gerusalemme, si trovava nella parte meridionale del paese; in quella settentrionale c'era invece il Regno d'Israele, con varie capitali.
9. Gli ebrei hanno molto chiaro il senso della profezia di Geremia: è l'ira divina che ha armato la mano del re assiro contro di loro, a causa della corruzione e dell'idolatria.
10. Il delubro è un tempio, un edificio sacro: ovviamente "santo".
11. Nella partitura autografa si legge invece: "È dolce profumo gradito al Signor".
12. Più felicemente sull'autografo si legge "s'acqueti".

Vergini

Gran Nume, che voli sull'ale dei venti,
 Che il folgor sprigioni dai nembi frementi,
 Disperdi, distruggi d'Assiria le schiere,
 Di David la figlia ritorna al gioir![13]
Peccammo!... Ma in cielo le nostre preghiere
 Ottengan pietade, perdono al fallir!...

Tutti

Deh! l'empio non gridi, con baldo blasfèma,
 Il Dio d'Israello si cela per tema?
 Non far che i tuoi figli divengano preda
 D'un folle che sprezza l'eterno poter!
Non far che sul trono davidico sieda
 Fra gl'idoli stolti l'assiro stranier! *(si alzano)*

---

13. Qui e poco oltre il riferimento a Davide indica il Regno di Palestina da lui fondato.

Scena seconda

Zaccaria tenendo per mano *Fenena*, *Anna* e detti.

Zaccaria
Sperate, o figli! Iddio
   Del suo poter die' segno;
   Ei trasse in poter mio
   Un prezïoso pegno;
   Del re nemico prole, *(additando Fenena)*
Pace apportar ci può.

Tutti
Di licto giorno un sole
   Forse per noi spuntò!

Zaccaria
Freno al timor! v'affidi
   D'Iddio l'eterna aita;
   D'Egitto là sui lidi
   Egli a Mosè die' vita;
   Di Gedëone i cento
   Invitti ei rese un dì...[14]
Chi nell'estremo evento
   Fidando in Lui perì?

Leviti
Qual rumore?...

---

14. Zaccaria cita due casi in cui l'intervento divino in favore del popolo eletto fu determinante. Mosè, che guidò gli ebrei alla terra promessa, venne imprevedibilmente salvato da una figlia del faraone; Gedeone sconfisse l'esercito dei madianiti con soli trecento uomini (e non cento).

Scena terza

Ismaele con alcuni guerrieri ebrei e detti.

Ismaele
   Furibondo
Dell'Assiria il re s'avanza;
Par ch'ei sfidi intero il mondo
Nella fiera sua baldanza!

Tutti
Pria la vita...

Zaccaria
   Forse fine
Porrà il cielo all'empio ardire;
Di Sïon sulle rovine
Lo stranier non poserà.
Questa prima fra le assire
 A te fido! *(consegnando Fenena ad Ismaele)*

Tutti
   Oh Dio pietà!

Zaccaria
Come notte a sol fulgente,
 Come polve in preda al vento,
 Sparirai nel gran cimento
 Dio di Belo menzogner.
Tu d'Abramo Iddio possente
 A pugnar con noi discendi,

Tutti
 Ne' tuoi servi un soffio accendi
 Che dia morte allo stranier.

Scena quarta

[*Recitativo e Terzettino*]

Ismaele, Fenena

Ismaele
Fenena!!... O mia diletta!

Fenena
Nel dì della vendetta
Chi mai d'amor parlò?

Ismaele
        Misera! oh come
Più bella or fulgi agli occhi miei d'allora
Che in Babilonia ambasciador di Giuda
Io venni! – Me traevi
Dalla prigion con tuo grave periglio,
Né ti commosse l'invido e crudele
Vigilar di tua suora,
Che me d'amor furente
Perseguitò!...

Fenena
        Deh che rimembri!... Schiava
Or qui son io!...

Ismaele
        Ma schiuderti cammino
Io voglio a libertà!

Fenena
        Misero!... Infrangi
Ora un sacro dover!

Ismaele

      Vieni!... Tu pure
L'infrangevi per me... Vieni! il mio petto
A te la strada schiuderà fra mille...

Scena quinta

Mentre fa per aprire una porta segreta entra colla spada alla mano Abigaille, *seguita da alcuni guerrieri babilonesi celati in ebraiche vesti.*

Abigaille
Guerrieri è preso il tempio!...

Ismaele e Fenena *(atterriti)*
Abigaille!!...

Abigaille *(s'arresta innanzi ai due amanti, indi con amaro sogghigno dice ad Ismaele)*
Prode guerrier!... d'amore
  Conosci tu sol l'armi?
  D'assira donna in core *(a Fenena)*
  Empia tal fiamma or parmi!
  Qual Dio vi salva?... talamo
  La tomba a voi sarà...
Di mia vendetta il fulmine
  Su voi sospeso è già!
      (dopo breve pausa s'avvicina ad Ismaele e gli dice sottovoce)

Io t'amava!... Il regno, il core
  Pel tuo cuore io dato avrei!
  Una furia è questo amore,
  Vita o morte ei ti può dar.
Ah se m'ami, ti potrei
  Col tuo popolo salvar![15]

---

15. Sull'autografo: "Ah se m'ami, ancor potrei / Il tuo popolo salvar!" Il tema del segreto amore di Abigaille per Ismaele è una invenzione di Solera rispetto al dramma francese, e accentua il contrasto di lei con Fenena.

Ismaele

No!... la vita t'abbandono,
   Ma il mio core nol poss'io;
   Di mia sorte io lieto sono,
   Io per me non so tremar.
Sol ti possa il pianto mio
   Pel mio popolo parlar!

Fenena

Già t'invoco, già ti sento,
   Dio verace d'Israello;
   Non per me nel fier cimento
   Ti commova il mio pregar,
Sol proteggi il mio fratello,[16]
   E me danna a lagrimar!

---

16. Fenena considera Ismaele un fratello, perché già si sente spinta ad abbracciarne la fede.

Scena sesta

[*Coro*]

Donne, Uomini ebrei, Leviti, Guerrieri che a parte a parte entrano nel tempio non abbadando ai suddetti, indi Zaccaria *ed Anna.*

Donne
Lo vedeste?... Fulminando
 Egli irrompe nella folta!

Vecchi
 Sanguinoso ergendo il brando
 Egli giunge a questa volta!

Leviti (*che sorvengono*)
 De' guerrieri invano il petto
 S'offre scudo al tempio santo!

Donne
 Dall'Eterno è maledetto
 Il pregare, il nostro pianto!

Tutti
 Oh felice chi morì
 Pria che fosse questo dì!

Guerrieri (*disarmati*)
Ecco il rege! sul destriero
 Verso il tempio s'incammina,
 Come turbine che nero
 Tragge ovunque la rovina.

Zaccaria (*entrando precipitosamente*)
 Oh baldanza!... né discende
 Dal feroce corridor!

Tutti
Ahi sventura! Chi difende
  Ora il tempio del Signor!

[*Finale I*]

Abigaille *(s'avanza co' suoi guerrieri e grida)*
Viva Nabucco!

Voci nell'interno
          Viva!

Zaccaria
  Chi passo agli empi apriva? *(additando i Babilonesi trave-stiti)*

Ismaele
  Mentita veste!...

Abigaille
           È vano
  L'orgoglio... il re s'avanza!

Scena settima

Irrompono nel tempio e si spargono per tutta la scena i guerrieri babilonesi.
Nabucodonosor presentasi sul limitare del tempio a cavallo.[17]

Zaccaria
Che tenti!... Oh trema insano! *(opponendosi a Nabucodonosor)*
Questa è di Dio la stanza!

Nabucodonosor
Di Dio che parli?

Zaccaria *(corre ad impadronirsi di Fenena e alzando contro di lei un pugnale dice a Nabucco)*
Pria
Che tu profani il tempio
Della tua figlia scempio
Questo pugnal farà![18]

Nabucodonosor *(scende dal cavallo)*
(Si finga, e l'ira mia
Più forte scoppierà.)
(Tremin gl'insani – del mio furore...
Vittime tutti – cadranno omai!
In mar di sangue – fra pianti e lai
L'empia Sïonne – scorrer dovrà!)

---

17. Questa entrata di Nabucco a cavallo, alla testa dei soldati, è identica nel dramma francese (atto I, scena XVI).
18. Nel dramma francese, mentre giungono le truppe assire, un soldato sta per uccidere Ismaele, ma Abigaille lo salva. Questo spunto ha forse suggerito a Solera quell'altra idea, assente nel dramma, di Zaccaria che prende Fenena in ostaggio: splendida occasione per bloccare il Finale in un ampio Andante concertato.

Fenena

Padre, pietade – ti parli al core!...
 Vicina a morte – per te qui sono!
 Sugli infelici – scenda il perdono,
 E la tua figlia – salva sarà!

Abigaille

(L'impeto acqueta – del mio furore
 Nuova speranza – che a me risplende,
 Colei che il solo – mio ben contende
 Sacra a vendetta – forse cadrà!)[19]

Zaccaria, Ismaele, Anna, Ebrei

(Tu che a tuo senno – de' regi il core
 Volgi o gran Nume – soccorri a noi!
 China lo sguardo – sui figli tuoi,
 Che a rie catene – s'apprestan già!)

Nabucodonosor

O vinti, il capo a terra!
 Il vincitor son io...
 Ben l'ho chiamato in guerra,
 Ma venne il vostro Dio?
 Tema ha di me, – resistermi,
 Stolti, chi mai potrà?

Zaccaria

Iniquo, mira!... vittima
 Costei primiera io sveno...
 Sete hai di sangue? versilo
 Della tua figlia il seno!

---

19. La rivalità fra Abigaille e Fenena appare qui per la prima volta: e questi due versi
sono posti in particolare evidenza nella musica.

Nabucodonosor
Ferma!...

Zaccaria *(per ferire)*
No pera!...

Ismaele *(ferma improvvisamente il pugnale e libera Fenena che si getta nelle braccia del padre)*
Misera,
L'amor ti salverà!

Nabucodonosor
Mio furor, non più costretto *(con gioia feroce)*
Fa dei vinti atroce scempio;
Saccheggiate, ardete il tempio, *(ai Babilonesi)*
Fia delitto la pietà!
Delle madri invano il petto
Scudo ai pàrgoli sarà.

Abigaille
Questo popol maledetto
Sarà tolto dalla terra...
Ma l'amor che mi fa guerra
Forse allor s'estinguerà?...
Se del cor nol può l'affetto
Pago l'odio almen sarà.

Fenena, Ismaele, Anna
Sciagurato ardente affetto
Sul $_{\text{mio}}^{\text{suo}}$ ciglio un velo tese!
Ah l'amor che sì $_{\text{mi}}^{\text{lo}}$ accese
$_{\text{Me}}^{\text{Lui}}$ d'obbrobrio coprirà!
Deh non venga maledetto
L'infelice per pietà!

Zaccaria ed Ebrei *(ad Ismaele)*
Dalle genti sii rejetto,
    Dei fratelli traditore!
    Il tuo nome desti orrore,
    Sia l'obbrobrio d'ogni età!
Oh fuggite il maledetto
    Terra e cielo griderà!

Parte seconda

L'empio

Ecco!... il turbo del Signore è uscito fuori;
cadrà sul capo dell'empio.

Gerem. XXX.[20]

Scena prima

Appartamenti nella Reggia.

[*Scena ed Aria*]

Abigaille esce con impeto, avendo una carta fra le mani.[21]

Ben io t'invenni, o fatal scritto!... in seno
Mal ti celava il rege, onde a me fosse
Di scorno!... Prole Abigail di schiavi!
Ebben!... Sia tale! – Di Nabucco figlia,
Qual l'assiro mi crede,
Che sono io qui?... peggior che schiava! Il trono
Affida il rege alla minor Fenena,
Mentr'ei fra l'armi a sterminar Giudea
L'animo intende!... Me gli amori altrui
Invia dal campo a qui mirar!... Oh iniqui
Tutti, e più folli ancor!... d'Abigaille

---

20. Tratto da Geremia, 30, 23.
21. Abigaille è figlia di schiavi, adottata da Nabucco: questa è la versione "purgata" del libretto, che elimina l'adulterio di Nabucco con una schiava, come nel dramma francese. L'episodio dello scritto rivelatore scoperto da Abigaille è presente anche nel dramma francese, ma con uno sviluppo molto più ampio. Già dalla seconda edizione del libretto, il termine "carta" è sostituito da "pergamena": per ragioni storiche? o perché più aulico?

Mal conoscete il core...
Su tutti il mio furore
Piombar vedrete!... Ah sì! cada Fenena...
Il finto padre!... il regno!...
Su me stessa rovina, o fatal sdegno! –

Anch'io dischiuso un giorno
   Ebbi alla gioja il core;
   Tutto parlarmi intorno
   Udìa di santo amore,
   Piangeva all'altrui pianto,
   Soffria degli altri al duol.
Chi del perduto incanto
   Mi torna[22] un giorno sol?

---

22. "Mi torna", nel senso di "mi restituisce".

Scena seconda

Il Gran Sacerdote *di Belo. Magi, Grandi del Regno e detta.*

Abigaille
Chi s'avanza?...

Gran Sacerdote *(agitato)*
Orrenda scena
S'è mostrata agli occhi miei!

Abigaille
Oh che narri!

Gran Sacerdote
Empia è Fenena,
Manda liberi gli Ebrei;
Questa turba maledetta
Chi frenare omai potrà?
Il potere a te s'aspetta...

Abigaille *(vivamente)*
Come?

Gran Sacerdote, Coro
Il tutto è pronto già.
Noi già sparso abbiamo fama
Come il re cadesse in guerra...[23]
Te regina il popol chiama
A salvar l'assiria terra.
Solo un passo... è tua la sorte!
Abbi cor!

---

23. Nel dramma francese la notizia della morte di Nabucco non è una mossa politica del Gran Sacerdote; o per lo meno, noi spettatori non ne veniamo messi al corrente.

Abigaille (*al Gran Sacerdote*)

Son teco!... Va.

Oh fedel!... di te men forte
  Questa donna non sarà!
Salgo già del trono aurato
  Lo sgabello insanguinato;
  Ben saprà la mia vendetta
  Da quel seggio fulminar.
Che lo scettro a me s'aspetta
  Tutti i popoli vedranno!...
  Regie figlie qui verranno
  L'umil schiava a supplicar.

Gran Sacerdote, Coro
E di Belo la vendetta
  Con la tua saprà tuonar.

Scena terza

Sala nella reggia che risponde nel fondo ad altre sale; a destra una porta che conduce ad una galleria, a sinistra un'altra porta che comunica cogli appartamenti della Reggente. È la sera. La sala è illuminata da una lampada; Zaccaria *esce con un Levita che porta la tavola della Legge.*

[*Preghiera*]

Zaccaria
Vieni, o Levita!... Il santo
Codice reca! Di novel portento
Me vuol ministro Iddio!... Me servo manda,
Per gloria d'Israele,
Le tenebre a squarciar d'un'infedele.

Tu sul labbro de' veggenti
   Fulminasti, o sommo Iddio!
   All'Assiria in forti accenti
   Parla or tu col labbro mio!
   E di canti a te sacrati
   Ogni tempio echeggierà;
Sovra gl'idoli spezzati
   La tua legge sorgerà.

(entra col Levita negli appartamenti di Fenena)

Scena quarta

[*Coro di Leviti*]

Leviti, *che vengono cautamente dalla porta a destra, indi* Ismaele *che si presenta dal fondo.*

I.
Che si vuol?

II.
Chi mai ci chiama,
Chi ne invita[24] in dubbio loco?...

Ismaele
Il Pontefice vi brama...

Tutti
Ismael!!

Ismael
Fratelli!

Tutti
Orror!!
Fuggi!... va!

Ismaele
Pietade invoco!

Leviti
Maledetto dal Signor!
Il maledetto – non ha fratelli...
Non v'ha mortale – che a lui favelli!

---

24. Nell'autografo "Or di notte".

Ovunque sorge – duro lamento
All'empie orecchie – lo porta il vento!
Sulla sua fronte – come il baleno
Fulge il divino – marchio fatal!
Invano al labbro – presta il veleno,
Invano al core – vibra il pugnal![25]

Ismaele *(con disperazione)*
Per amor del Dio vivente
Dall'anàtema cessate!
Il terror mi fa demente,
Oh la morte per pietà!

---

25. Questi otto doppi quinari sono una libera traduzione della maledizione che, nel dramma francese, Zaccaria pronuncia contro Ismaele non appena questi è sorpreso nell'atto di far fuggire Fenena (atto I, scena XIII).

Scena quinta

[*Scena e Finale II*]

Fenena, Anna, Zaccaria ed il *Levita* che porta la tavola della legge.

Anna
Deh fratelli, perdonate!
  Un'ebrea salvato egli ha!

Leviti, Ismaele
  Oh che narri!...

Zaccaria
                  Inni levate
  All'Eterno!... È verità!

Scena sesta

Il vecchio Abdallo, *tutto affannoso, e detti.*[26]

Abdallo
Donna regal! Deh fuggi!... infausto grido
Sorge che annuncia del mio re la morte![27]

Fenena
Oh padre!...

Abdallo
      Fuggi!... Il popolo
Or chiama Abigaille,
E costoro condanna.

Fenena
      A che più tardo?...
Io qui star non mi deggio!... in mezzo agli empi
Ribelli correrò...

Tutti
      Ferma! oh sventura!

26. Nell'autografo questa scena inizia con due battute che non si trovano sul libretto. Dapprima Fenena canta: "Ma qual sorge tumulto!", quindi Ismaele, Zaccaria e i Leviti esclamano a loro volta: "Oh ciel! che fia!".
27. Questo endecasillabo un po' affaticato è stato semplificato nel canto: "Annunzia del mio re la morte!".

Scena settima

Sacerdote di Belo, *Abigaille*, Grandi, Magi, Popolo, Donne babilonesi

Gran Sacerdote
Gloria ad Abigaille!
Morte agli Ebrei!

Abigaille *(a Fenena)*
Quella corona or rendi!

Fenena
Pria morirò...

Scena ottava

Nabucodonosor aprendosi co' suoi guerrieri la via in mezzo allo scompiglio, si getta fra *Abigaille* e *Fenena*; prende la corona e postasela in fronte dice ad *Abigaille*:

Dal mio capo la prendi! *(terrore generale)*[28]

Tutti
S'appressan gl'istanti
   D'un'ira fatale;
   Sui muti sembianti
   Già piomba il terror!
Le folgori intorno
   Già schiudono l'ale!...
   Apprestano un giorno
   Di lutto e squallor!

Nabucodonosor
S'oda or me!... Babilonesi,
   Getto a terra il vostro Dio!
   Traditori egli v'ha resi,
   Volle tôrvi al poter mio;
   Cadde il vostro, o stolti Ebrei,
   Combattendo contro me.
Ascoltate i detti miei...
   V'è un sol Nume... il vostro Re!

Fenena *(atterrita)*
Cielo!

---

28. Grande colpo di scena, che si trova tal quale nel dramma francese a conclusione dell'atto II.

Gran Sacerdote
  Che intesi!...

Zaccaria, Anna, Ebrei
              Ahi stolto!...

Abdallo[29]
  Nabucco viva!

Nabucodonosor
              Il volto
  A terra omai chinate,
  Me Nume, me adorate!

Zaccaria
Insano! a terra, a terra
  Cada il tuo pazzo orgoglio...
  Iddio pel crin t'afferra,
  Già ti rapisce il soglio!

Nabucodonosor
E tanto ardisci?... O fidi, *(ai guerrieri)*
  A' piedi miei si guidi,
  Ei pera col suo popolo...[30]

Fenena
  Ebrea con lor morrò.

Nabucodonosor
Tu menti!... O iniqua, prostrati *(furibondo)*
  Al simulacro mio.

---

29. Nella partitura autografa queste parole sono giustamente affidate al coro di guerrieri, e non al solo Abdallo.
30. Questi tre versi di Nabucco nel canto diventano quattro: "E tanto ardisci?... O fidi, / A' pie' del simulàcro / Quel vecchio omai si guidi, / Ei pera col suo popolo...".

Fenena
No!... sono Ebrea![31]

Nabucodonosor *(prendendola per il braccio)*
Giù!... prostrati!...
Non son più Re, son Dio!!

(rumoreggia il tuono, un fulmine scoppia sul capo del Re. Nabucodono-sor atterrito sente strapparsi la corona da una forza soprannaturale; la follia appare in tutti i suoi lineamenti.[32] A tanto scompiglio succede tosto un profondo silenzio)

Tutti
O come il cielo vindice
L'audace fulminò!

Nabucodonosor
Chi mi toglie il regio scettro?...
Qual m'incalza orrendo spettro!...
Chi pel crine ohimè m'afferra?
Chi mi stringe?... chi m'atterra? –
O mia figlia!... e tu pur anco
Non soccorri al debil fianco?...
Ah fantasmi ho sol presenti...
Hanno acciar di fiamme ardenti!
È di sangue il ciel vermiglio,
Sul mio capo si versò![33]
Ah perché, perché sul ciglio
Una lagrima spuntò?
Chi mi regge?... io manco!...

---

31. Nel canto "Io sono Ebrea!".
32. Altro colpo di scena del dramma francese, questa volta a conclusione dell'atto III.
33. Libera traduzione dal dramma francese (atto II, quadro II, fine della scena I).

Zaccaria

Il Cielo

Ha punito il vantator!

Abigaille

Ma del popolo di Belo *(raccogliendo la corona caduta dal capo di Nabucodonosor)*

Non fia spento lo splendor!

Parte terza

LA PROFEZIA

Le fiere dei deserti avranno in
Babilonia la loro stanza insieme
coi gufi, e l'ulule vi dimoreranno.

Gerem. LI.[34]

Scena prima

Orti pensili.

[*Coro d'Introduzione*]

Abigaille è sul trono. I Magi, i Grandi sono assisi a' di lei piedi; vicino all'ara ove s'erge la statua d'oro di Belo sta coi seguaci il Gran Sacerdote. Donne Babilonesi, Popolo, Soldati.

Coro
È l'Assiria una regina,
   Pari a Bel potente in terra;
   Porta ovunque la ruina
   Se stranier la chiama in guerra:
   Or di pace fra i contenti,
   Giusto[35] premio del valor,
Scorrerà suoi dì ridenti
   Nella gioja e nell'amor.

[*Recitativo*]

---

34. Parafrasi dai capitoli 50 e 51 di Geremia. Ulula è la civetta.
35. Nell'autografo "Degno" anziché "Giusto".

Gran Sacerdote
Eccelsa donna che d'Assiria il fato
Reggi, le preci ascolta
De' fidi tuoi! – Di Giuda gli empi figli
Perano tutti, e pria colei che suora
A te nomar non oso...
Essa Belo tradì... *(presenta la sentenza ad Abigaille)*

Abigaille *(con finzione)*
                    Che mi chiedete!...
Ma chi s'avanza?...

Scena seconda

*Nabucodonosor con ispida barba e dimesse vesti presentasi sulla scena. Le
guardie, alla cui testa è il vecchio Abdallo, cedono rispettosamente il passo.*

Abigaille

          Qual audace infrange
L'alto divieto mio?... Nelle sue stanze
Si tragga il veglio!...

Nabucodonosor *(sempre fuori di sè)*

          Chi parlare ardisce
Ov'è Nabucco?

Abdallo *(con divozione)*

       Deh! Signor, mi segui.

Nabucodonosor

Ove condur mi vuoi? Lasciami!... Questa
È del consiglio l'aula... Sta!... Non vedi?
M'attendon essi... Il fianco
Perché mi reggi? Debil sono, è vero,
Ma guai se alcuno il sa!... Vo' che mi creda
Sempre forte ciascun... Lascia... ben io
Or troverò mio seggio... *(s'avvicina al trono e fa per salirvi)*
          Chi è costei?
Oh qual baldanza!

Abigaille *(scendendo dal trono)*

       Escite, o fidi miei! *(si ritirano tutti)*

Scena terza

[*Duetto*]

Nabucodonosor ed *Abigaille*

Nabucodonosor
Donna chi sei?

Abigaille
                    Custode
Del seggio tuo qui venni!...

Nabucodonosor
    Tu?... del mio seggio? Oh frode!
    Da me ne avesti cenni?...

Abigaille
    Egro giacevi... Il popolo
    Grida all'Ebreo rubello;
    Porre il regal suggello
    Al voto suo dèi tu! *(gli mostra la sentenza)*
Morte qui sta pei tristi...

Nabucodonosor
    Che parli tu?...

Abigaille
                    Soscrivi!

Nabucodonosor
    (M'ange un pensier!...)

Abigaille
                          Resisti?...
    Sorgete Ebrei giulivi!
    Levate inni di gloria
    Al vostro Dio!...

Nabucodonosor
Che sento!...

Abigaille
Preso da vil sgomento,
Nabucco non è più!...

Nabucodonosor
Menzogna!!... A morte, a morte
Tutto Israel sia tratto!...
Porgi!... *(pone l'anello reale intorno la carta, e la riconsegna ad Abigaille)*

Abigaille
Oh mia lieta sorte!
L'ultimo grado è fatto!

Nabucodonosor
Oh!... ma Fenena?...

Abigaille
Perfida
Si diede al falso Dio!...
Oh pera!... *(dà la carta a due guardie che tosto partono)*

Nabucodonosor *(in atto di fermarla)*
È sangue mio!...

Abigaille
Niun può salvarla!...

Nabucodonosor *(coprendosi il viso)*
Orror!!

Abigaille
Un'altra figlia...

Nabucodonosor
>   Prostrati,
>   O schiava, al tuo signor!...

Abigaille
Stolto!... qui volli attenderti!...
>   Io schiava?...

Nabucodonosor
>   Apprendi il ver!... *(cerca nel seno il foglio*
che attesta la servile condizione di Abigaille)

Abigaille
Tale ti rendo, o misero, *(traendo dal seno il foglio e facendolo in*
pezzi)
>   Il foglio menzogner!...

Nabucodonosor
(Oh di qual'onta aggravasi
>   Questo mio crin canuto!
>   Invan la destra gelida
>   Corre all'acciar temuto!
>   Ahi miserando veglio!...
>   L'ombra son io del re.)[36]

Abigaille
(O dell'ambita gloria
>   Giorno, tu sei venuto!
>   Assai più vale il soglio
>   Che un genitor perduto;

---

36. Nell'autografo "L'ombra tu sei del re".

Cadranno regi e popoli[37]
Di vile schiava al piè.) *(odesi dentro suono di trombe)*

Nabucodonosor
Oh qual suon!...

Abigaille
Di morte è suono
Per gli Ebrei che tu dannasti!

Nabucodonosor
Guardie olà!... tradito io sono!...
Guardie!... *(si presentano alcune guardie)*

Abigaille
O stolto!... e ancor contrasti?...
Queste guardie io le serbava
Per te solo, o prigionier!

Nabucodonosor
Prigionier?...

Abigaille
Sì!... d'una schiava
Che disprezza il tuo poter!

Nabucodonosor
Deh perdona, deh perdona
Ad un padre che delira!
Deh la figlia mi ridona,
Non orbarne il genitor!
Te regina, te signora
Chiami pur la gente assira,
Questo veglio non implora
Che la vita del suo cor!

---

37. Nella partitura "Cadranno alfine i popoli".

Abigaille
Esci! invan mi chiedi pace,
   Me non move il tardo pianto;
   Tal non eri, o veglio audace,
   Nel serbarmi al disonor!
Oh vedran se a questa schiava
   Mal s'addice il regio manto!
   Oh vedran s'io deturpava
   Dell'Assiria lo splendor!

Scena quarta

Le sponde dell'Eufrate.

[*Coro di Schiavi Ebrei*]

Ebrei incatenati e costretti al lavoro.[38]

Va pensiero sull'ali dorate,
   Va ti posa sui clivi, sui colli
   Ove olezzano libere[39] e molli
   L'aure dolci del suolo natal!
Del Giordano le rive saluta,
   Di Sïonne le torri atterrate...
   Oh mia patria sì bella e perduta!
   Oh membranza sì cara e fatal!
Arpa d'or dei fatidici vati
   Perché muta dal salice pendi?
   Le memorie nel petto raccendi,
   Ci favella del tempo che fu!
O simìle di Solima ai fati
   Traggi un suono di crudo lamento,
   O t'ispiri il Signore un concento
   Che ne infonda al patire virtù!

38. L'inserimento di questa nota dolente e nostalgica è stata voluta da Solera; nel dramma francese non ve ne è traccia.
39. Nella partitura, le "aure", oltre che "dolci" e "molli", sono anche "tepide", e non "libere": geniale sostituzione (voluta da Verdi?) di un aggettivo non omogeneo.

Scena quinta

[*Profezia - Finale III*]

Zaccaria e detti.

Zaccaria

Oh chi piange? di femmine imbelli
 Chi solleva lamenti all'Eterno?...
 Oh sorgete, angosciati fratelli,
 Sul mio labbro favella il Signor!
Del futuro nel bujo discerno...
 Ecco rotta l'indegna catena!...
 Piomba già sulla perfida arena
 Del lïone di Giuda il furor![40]
A posare sui crani, sull'ossa
 Qui verrano le jene, i serpenti!
 Fra la polve dall'aure commossa
 Un silenzio fatal regnerà!
Solo il gufo suoi tristi lamenti
 Spiegherà quando viene la sera...
 Niuna pietra ove surse l'altera
 Babilonia allo stranio dirà![41]

Tutti

Oh qual foco nel veglio balena!
 Sul suo labbro favella il Signor...
Sì, fia rotta l'indegna catena,
 Già si scuote di Giuda il valor!

---

40. Intervento del coro: "Oh futuro!".
41. Anche questo è un intervento originale di Solera, che parafrasa i capitoli 50 e 51 di Geremia.

Parte quarta[42]

L'IDOLO INFRANTO

Bel è confuso; i suoi idoli sono rotti in pezzi.

Gerem. XLVIII.[43]

Scena prima

Appartamenti nella Reggia come nella parte seconda.
[*Preludio, Scena ed Aria*]

Nabucodonosor seduto sopra un sedile, trovasi immerso in profondo sopore.

Son pur queste mie membra!... Ah! fra le selve
(svegliandosi tutto ansante)
Non scorreva anelando
Quasi fiera inseguita?...
Ah sogno ei fu... terribil sogno! *(applausi al di fuori)* Or ecco
Ecco il grido di guerra!... Oh la mia spada!...[44]
Il mio destrier, che a le battaglie anela
Come fanciulla a danze!
O prodi miei!... Sïonne,
La superba cittade ecco torreggia...
Sia nostra, cada in cenere!

---

42. La Parte quarta è molto vicina al finale del dramma francese, nonostante la pur sostanziale divergenza nella morte di Abigaille: nel dramma uccisa dal padre, nel libretto invece suicida. In particolare, il Recitativo iniziale di Nabucco è una parafrasi del testo francese (atto IV, quadro I, scena XII).
43. Citazione di Geremia 50, 2, e non 48 come indicato da Solera.
44. Dramma francese: "Ah voilà le cri de guerre! mes armes! mes armes!"

Voci al di fuori

Fenena!

Nabucodonosor

Oh sulle labbra de' miei fidi il nome
Della figlia risuona! *(s'affaccia alla loggia)* Ecco! Ella scorre
Tra le file guerriere!... Ohimè!... traveggo?
Perché le mani di catene ha cinte?...
Piange!...

Voci al di fuori

(Fenena a morte!) *(il volto di Nabucodonosor prende
una nuova espressione,*[45] *corre alle porte, e, trovatele chiuse, grida)*
Ah prigioniero io sono! *(ritorna alla loggia, tiene lo sguardo fisso
verso la pubblica via, indi si tocca la fronte ed esclama)*
Dio degli Ebrei perdono! *(s'inginocchia)*
Dio di Giuda!... l'ara, il tempio
   A te sacro, sorgeranno...
   Deh mi togli a tanto affanno
   E i miei riti struggerò.
Tu m'ascolti!... Già dell'empio
   Rischiarata è l'egra mente!
   Dio verace, onnipossente
   Adorarti ognor saprò. *(si alza e va per aprire con violenza la
porta)*
Porta fatale, oh t'aprirai!...[46]

---

45. Dramma francese: "Oui... la voilà! mais ses mains sont chargées de chaînes...
elle pleure... elle pleure... et son regard est un regard d'adieu!... (*On entend ces cris:*
A mort! à mort Phénenna! *Ici la foudre gronde... et le visage de Nabuchodonosor
prend une expression nouvelle.*)".
46. Dramma francese: "Porte maudite, je te briserai...".

Scena seconda

Abdallo, guerrieri babilonesi, e detto.

Abdallo

               Signore,
Ove corri?

Nabucodonosor

         Mi lascia...

Abdallo

               Uscir tu brami
Perché s'insulti alla tua mente offesa?

Guerrieri
Oh noi tutti qui siamo in tua difesa!

Nabucodonosor *(ad Abdallo)*
Che parli tu?... la mente
Or più non è smarrita!... Abdallo, il brando,
Il brando tuo...

Abdallo *(sorpreso e con gioja)*

             Per acquistare il soglio
Eccolo, o re!...

Nabucodonosor

          Salvar Fenena io voglio.

Abdallo, Guerrieri
Cadran, cadranno i perfidi
  Come locuste al suol!
Per te vedrem rifulgere
  Sovra l'Assiria il sol!

Nabucodonosor
O prodi miei, seguitemi,
   S'apre alla mente il giorno;
   Ardo di fiamma insolita,
   Re dell'Assiria io torno!
   Di questo brando al fulmine
   Gli empi cadranno al suol;[47]
Tutto vedrem rifulgere
   Di mia corona al sol.

47. Nell'autografo: "Cadranno gli empi, cadranno al suolo".

Scena terza

Orti pensili come nella parte terza
[*Marcia funebre e Preghiera*]

Zaccaria, Anna, Fenena, il *Sacerdote* di *Belo*
Magi, Ebrei, Guardie, Popolo.

*Il Sacerdote di Belo è sotto il peristilio del tempio presso di un'ara espiatoria, a' lati
della quale stanno in piedi due sacrificatori armati di asce. Una musica cupa e lugubre
annuncia l'arrivo di Fenena[48] e degli Ebrei condannati a morte; giunta Fenena nel
mezzo della scena si ferma e s'inginocchia davanti a Zaccaria.*

Zaccaria
Va! la palma del martirio,
　Va! conquista, o giovinetta;
　Troppo lungo fu l'esiglio,
　È tua patria il ciel... t'affretta!

Fenena
Oh dischiuso è il firmamento!
　Al Signor lo spirto anela...
　Ei m'arride, e cento e cento
　Gaudi eterni a me disvela!
O splendor degli astri addio!...
　Me di luce irradia Iddio!
　Già dal fral, che qui ne impiomba,
　Fugge l'alma e vola al ciel![49]

[*Finale IV*]

---

48. Particolare suggerito da una didascalia del dramma: "Bientôt une musique
sourde et lugubre annonce l'arrivée de Phénenna".
49. Virtuosismo letterario di Solera: frale, usato come sostantivo, è il corpo umano,
che impiomba, racchiude l'anima pronta a volare al cielo.

Voci di dentro
Viva Nabucco! –

Tutti

Qual grido è questo!

Voci di dentro
Viva Nabucco! –

Gran Sacerdote

Si compia il rito!

Scena quarta

Nabucodonosor *accorrendo con ferro sguainato, seguito dai guerrieri e da Abdallo.*

Nabucodonosor
Empi, fermate! – L'idol funesto,
   Guerrier, struggete qual polve al suol!

(l'idolo cade infranto da sé)

Tutti
Divin prodigio! –[50]

Nabucodonosor
          Torna, Israello,
   Torna alle gioie – del patrio suol!
Sorga al tuo Nume – tempio novello...
   Ei solo è grande – è forte Ei sol!
L'empio tiranno – Ei fe' demente,
   Del re pentito – die' pace al seno...
   D'Abigaille – turbò la mente,
   Sì che l'iniqua – bebbe il veleno! –
   Ei solo è grande – è forte Ei sol!
   Figlia, adoriamlo – prostrati al suol.

Tutti *(inginocchiati)*
Immenso Jeovha,
   Chi non ti sente?

---

50. Nel canto "frangete" invece di "struggete". Nel dramma francese, quando già Nabucco sta per giungere, Abigaille fa immediatamente uccidere Fenena, e il re, appena entrato, uccide a sua volta Abigaille. Pianto di Nabucco, e prodigio annunciato da Zaccaria: il corpo di Fenena viene investito da un raggio luminoso e rivive. Nabucco invoca allora il dio d'Israele e ridà la libertà agli ebrei (atto IV, quadro II, scene I-II).

Chi non è polvere
Innanzi a te?
Tu spandi un'iride?...
　Tutto è ridente.
　Tu vibri il fulmine?...
　L'uom più non è. *(si alzano)*

Zaccaria *(agli Ebrei)*
Ecco venuto, o popolo,
　Delle promesse il dì![51]

Nabucodonosor
Oh, chi vegg'io?...

Coro
　　　　　La misera
　A che si tragge or qui?

---

51. Questi due versi di Zaccaria, in realtà del tutto inutili, non sono stati musicati da Verdi.

Scena ultima

Abigaille sorretta da due donne babilonesi e detti.

Abigaille
Su me... morente... esanime... *(a Fenena)*
   Discenda il tuo... perdono!...
   Fenena!... io... fui colpevole...
   Punita or... ben... ne sono!
   Vieni!... costor... s'amavano... *(ad Ismaele)*
   Fidan lor speme... in te! – *(a Nabucodonosor)*
Or chi mi toglie... al ferreo
   Pondo del... mio... delitto?...
   Ah!... tu dicesti... o popolo... *(agli Ebrei)*
   Solleva... Iddio... l'afflitto!...[52]
   Te chiamo... o Dio... te... venero!...
   Non... male...di...re a me!!...

Tutti
Spirò...[53]

Zaccaria *(a Nabucodonosor)*
     Servendo a Jeovha
  Sarai de' regi il Re.

---

52. Il coro ripete: "Solleva Iddio l'afflitto".
53. Il coro dice invece: "Cadde".

Collana di libretti d'opera
a cura di Eduardo Rescigno

INGRAF s.r.l. - Via Monte S. Genesio 7 - Milano
Stampato in Italia - Printed in Italy - Imprimé en Italie 2002